ÉTUDES DE PHILOSOPHIE NATURELLE
N° 8

DE L'ORDRE ET DU MODE

DE

DÉCOMPOSITION DE LA LUMIÈRE

PAR LES BORDS MINCES

(Avec Planche)

PAR

J.-ÉMILE FILACHOU

Docteur ès-Lettres.

ἔστι μὲν γαρ ἐν τῷ τοῦ σώματος
πέρατι (χρῶμα). Αριστ. περὶ Αἰσθ..
Color in termino corporis inhabitat.

MONTPELLIER

TYPOGRAPHIE ET LITHOGRAPHIE DE BOEHM ET FILS

PLACE DE L'OBSERVATOIRE

1872

ÉTUDES DE PHILOSOPHIE NATURELLE

Nᵒ 8

DE L'ORDRE ET DU MODE

DE

DÉCOMPOSITION DE LA LUMIÈRE

PAR LES BORDS MINCES

Montpellier. — Typogr. BOEHM et FILS.

DE L'ORDRE ET DU MODE

DE

DÉCOMPOSITION DE LA LUMIÈRE

PAR LES BORDS MINCES

(Avec Planche)

PAR

J. ÉMILE FILACHOU

Docteur ès-Lettres.

ἔστι μὲν γὰρ ἐν τῷ τοῦ σώματος
πέρατι (χρῶμα). Ἀριστ. περὶ Αἰσθ.·
Color in termino corporis inhabitat.

MONTPELLIER

TYPOGRAPHIE ET LITHOGRAPHIE DE BOEHM ET FILS
PLACE DE L'OBSERVATOIRE
1872

AVANT-PROPOS

———

Voulant laisser à la critique le temps d'examiner attentivement notre Opuscule (N° 6) sur l'*Eucharistie*, mais subordonnant pourtant à son mode d'appréciation la rédaction de notre Traité (N° 7) sur l'*existence de Dieu*, nous ne publierons point aujourd'hui ce dernier travail, et nous reprendrons au contraire nos *Études d'Optique*. Nous avons, du reste, d'assez bonnes raisons de revenir sur ce sujet. D'abord, le développement que nous continuons à donner à nos idées ne nous semble pas dénué d'importance, et peut ainsi recevoir bon accueil de ceux qui les ont déjà goûtées. Puis, l'Optique moderne est, comme on n'en saurait disconvenir, de création toute française. Supposé qu'elle soit, alors (puisque en ce monde rien n'atteint ordinairement du premier coup la perfection), susceptible de réforme, faut-il attendre que des étrangers en aperçoivent les premiers les défauts et viennent nous battre sur ce terrain comme ils l'ont déjà fait sur celui de la politique ? Nous ne le pensons pas. Le patriotisme nous commande donc ici de nous presser un peu : non sans doute en vue d'amoindrir en rien par là le mérite de l'illustre Fresnel, à qui reviendra toujours l'honneur d'avoir trouvé le premier pour l'Optique des lois ou formules générales, mais seulement en vue de prouver que, comme la France a su commencer par lui cette belle œuvre, elle sait, par ses autres enfants, la reprendre, la perfectionner et la constituer encore.

DE L'ORDRE ET DU MODE

DE

DÉCOMPOSITION DE LA LUMIÈRE

PAR LES BORDS MINCES

---

1. S'occupant et cherchant à se rendre compte des expériences de réfraction, bien que la *décomposition de la lumière* y soit par hypothèse un effet de Réflexion, les physiciens ont pu ne pas s'en apercevoir et s'imaginer aisément qu'elle y provenait de Réfraction, parce que, effectivement, elle s'y compliquait toujours de réfraction.

Mais quand, ensuite, les mêmes physiciens ont étudié les expériences de diffraction où la même décomposition de la lumière se produit sans s'accompagner de réfraction, si l'idée de décomposition par Réflexion ne leur eût été complètement étrangère, c'était évidemment le cas d'en attribuer la production à cette dernière cause. Or ici, comme tout à l'heure, il ne leur est pas venu seulement en la pensée d'y recourir; et, plutôt que d'en avouer l'intervention flagrante, ils ont mieux aimé se rejeter sur une cause imaginaire. Cette nouvelle cause, qui n'a pas même l'avantage d'être observée comme la Réfraction, a reçu d'eux le nom d'*interférence*.

Ne pouvant espérer ni désirer un terrain plus favorable à la vérification ou confirmation de nos idées, nous nous emparerons donc aujourd'hui des principaux faits de diffraction, et nous prouverons qu'ils militent tous en notre faveur; mais, pour ne pas restreindre dès le début et sans motif la portée de cette discussion, nous substituerons au mot particulier de *diffraction* l'expression générale de *réflexion*, dont il a. pris indûment la place, et nous prouverons, expériences et raisons en main, mais bien plus immédiatement ou directement que dans les précédents Traités, que la Réflexion opère, seule et par elle-même, la dé-

composition *formelle* ou *physique* de la Lumière
naturelle en ses deux *espèces* et ses six ou sept
éléments.

2. Des deux affirmations contenues dans la thèse
que nous venons d'énoncer, la première est relative
à la décomposition *formelle* de la Lumière naturelle par simple réflexion, et ne manque pas d'importance; mais, sauf cette importance dont on ne
paraît pas s'être aperçu, tout le monde en admet
aujourd'hui le contenu, depuis la brillante décou-
verte de la polarisation de la lumière par Malus.
Qui ne sait, en effet, aujourd'hui, que la lumière
se polarise par *réflexion,* et que, en se polari-
sant, elle devient double ou se divise en *ordi-
naire* (*O*) et *extraordinaire* (*E*)? Ce consente-
ment unanime est bien la meilleure preuve que
nous puissions donner ici de notre première
assertion; elle est donc incontestable, et notre
tâche est ainsi comme abrégée de moitié.

5. L'origine *réfléchie* de la décomposition *physique* de la lumière n'eût pas paru moins évidente
si l'on eût su de même envisager sans préven-

tions les faits propres à l'établir. Ces faits peuvent être très-diversifiés pour la forme; et nous ne terminerons pas ce travail sans en examiner trois ou quatre des plus importants. Mais le fait le plus simple, ainsi que le plus fondamental, est celui de la décomposition physique de la lumière par les *bords minces*, dont l'intelligence est de nature à nous donner la clef de tous les autres; et c'est aussi pour cela que nous allons l'exposer le premier, avec toute la profondeur et les développements dont il est susceptible.

4. L'expérience de la décomposition de la lumière par les *bords minces* ayant l'importance que nous venons de signaler, il importe avant tout de la décrire et circonstancier parfaitement. Elle se pratique en recevant dans la chambre noire un petit faisceau de rayons lumineux, marchant parallèlement jusqu'à la rencontre d'une lentille à court foyer L (*fig.* 1) où ils s'entrecroisent, et de là se portant avec convergence en avant sur le bord mince et rectiligne d'un corps opaque BB', qu'ils heurtent dans leur cours. Arrivé là, le faisceau lumineux, indépendamment de la por-

tion qui peut en être interceptée, semble se décomposer en trois autres parties bien distinctes,
aboutissant séparément à l'écran généralement
assez distant $M'M''$. Et, dans ce cas, on remar-
que que la partie poursuivant son cours au-delà
de la limite M de l'ombre géométrique, y forme,
vers M', une simple bande blanchâtre rapidement
décroissante; que la partie dirigée normalement
sur l'écran y forme, à la limite M de l'ombre géométrique, une zone blanche brillante; mais que
la partie poursuivant son cours en deçà de la
même limite, au lieu de s'y peindre en blanc
comme les précédentes, y forme une série de spectres plus ou moins distincts et d'intensité très-
rapidement décroissante encore, dans lesquels le
rouge apparent se place toujours en dehors ou du
côté de M''.

Tels étant les faits observés, il s'agit actuellement de les expliquer sans idées préconçues, et,
par conséquent, sans dénier d'avance et de parti
pris à la réflexion la faculté de décomposer
la lumière déjà gratuitement accordée par hypothèse à la Réfraction, auquel cas nous disons
que, la Réfraction ne pouvant évidemment inter-

venir, la *Réflexion* est bien la seule cause de la
décomposition décrite. En effet :

D'abord, de quel côté se trouvent les rayons
décomposés ou colorés? Est-ce sur la direction
même des rayons tombant normalement sur
l'écran, ou sur celle des rayons s'enfonçant dans
l'ombre géométrique et derrière le corps opaque
interrupteur? Non, c'est justement en dehors
et même assez loin de la limite de l'ombre géométrique, aux lieux où de fait ils devraient re-
jaillir, supposé qu'ils éprouvassent une réflexion
quelconque sur le bord mince du corps opaque.
Donc, déjà les choses se passent comme s'il y
avait acte réel de réflexion.

Puis, quel est l'ordre habituel des couleurs
apparentes? Est-il, par hasard, le même que
celui qu'on observe constamment en réfraction,
où la moins déviée des couleurs spectrales est le
rouge? Non, c'est justement l'ordre inverse où
le *rouge* est la plus déviée des couleurs, comme
la plus réflexible. Il y a donc ici comme la ré-
vélation d'un nouveau genre de force ou d'un
nouveau génie d'opération substituant à l'esprit
de la Réfraction un esprit contraire, et ce nouvel

esprit ne peut être que celui de la Réflexion,
puisque Réflexion et Réfraction sont choses évidemment corrélatives. Enfin, si nous nous en
tenons exactement aux conditions de l'expérience
décrite, ainsi qu'aux résultats observés, il est
certain, d'une part, qu'aucun autre filet de lumière que le faisceau *AL* ne s'introduit dans la
chambre noire, et, d'autre part, que la coloration spectrale ne commence point à la limite
même de l'ombre géométrique, mais assez loin
de cette limite, en deçà de la zone blanche af-
férente aux rayons directs. Or, il est alors bien
évident qu'il ne saurait être permis : d'abord, de
faire dépendre, avec Young, la coloration des
franges apparentes, de la rencontre, aux mêmes
points, de rayons interférents, l'un *directement*
émis de la lentille, et l'autre *réfléchi* sur le bord
mince, car tous les rayons émanant de la lentille
qui ne restent pas en deçà de la limite de l'ombre
géométrique, se trouvent sur cette limite ou passent au-delà; puis, d'appliquer, avec Fresnel, à
l'explication du même phénomène le principe du
développement des ondes d'Huygens, car l'application de ce principe impliquerait la formation

ou l'existence de franges colorées à la limite même
de l'ombre géométrique où les interférences com-
menceraient à se produire, et nous avons reconnu
que cet effet anticipé n'existe pas. Donc, puisque,
soit dans les idées d'Young, soit dans les idées de
Fresnel, l'hypothèse des interférences est insuf-
fisante à rendre compte des phénomènes observés,
la Réflexion en reste bien la seule explication
naturelle et nécessaire. Ainsi, le principe réel de
la diffraction est la Réflexion.

5. Nous venons de réfuter les deux théories *in-
terférentielles* d'Young et de Fresnel par des raisons spéciales impliquant séparément la fausseté
de l'une et de l'autre, mais il est encore possible
de leur trouver des défauts communs et de les
condamner ainsi par les mêmes motifs. Nous
voyons d'abord un semblable motif dans leur
commune prétention à passer pour susceptibles
de vérification expérimentale, en présence de
l'impossibilité manifeste de mesurer, sans danger
aucun d'inexactitude, des longueurs de plus d'un
mètre, différenciables par de simples fractions de
millionièmes de millimètre, quand d'ailleurs les

teintes de même couleur sont si variables et qu'on
a une peine infinie à s'assurer de l'amplitude de
vibration d'une seule d'entre elles; d'où il résulte
que leur prétendue commensurabilité mathéma-
tique, bonne tout au plus à jeter de la poudre
aux yeux, frise le ridicule[1]. Mais laissons de côté
ce premier défaut, quoique assez grave, et prou-
vons qu'au point de vue rationnel les deux théories souffrent encore d'un défaut capital, suffisant
à les annuler toutes les deux. Quel en est, en
effet, à ce point de vue l'objet? Il est d'expliquer la décomposition de la lumière tombant
sur un bord mince, *sans tenir compte de l'effet*

---

[1] Veut-on savoir, du reste, avec quel succès on a pu pro-
céder dans cette estimation de différences de longueurs archi-
lilliputiennes? Un admirateur de Fresnel se charge de répondre
à cette question, en disant que tous les cas de diffraction
sont divisibles en trois groupes : 1º ceux où les intégrales
réussissent ; 2º ceux où l'intégration ne réussit qu'à demi ;
3º ceux où elle ne réussit pas du tout. C'était le cas, ou
jamais, de déclarer la théorie de Fresnel surprise en flagrant
échec; cependant l'auteur dont nous parlons a pensé tout
autrement, par la raison que, si par hasard cette théorie
n'était d'aucun mérite, elle eût pu se trouver bien plus com-
promise encore. Ces belles choses se lisent dans l'*Optique
physique* de M. Billet, I, 182.

du choc, ou bien par simple *interférence.* Dans l'une et l'autre théorie, les deux rayons présupposés interférer sont donc et restent blancs, jusqu'à ce qu'ils interfèrent sur l'écran ou dans l'œil. Si, par conséquent, interférant, ils se colorent, il doit être, vrai de dire que la simple rencontre de deux rayons blancs suffit à déterminer la coloration, à décomposer la lumière. Or, qui pourrait soutenir une erreur si notoire[1]?... Telle est, on le suppose du moins, la nature des rayons blancs, qu'ils contiennent toutes les couleurs en égal et parfait équilibre. Deux rayons blancs qui se rencontrent, en raison de leur conformité préalable, reçoivent alors nécessairement autant d'ébranlement qu'ils en donnent; et comme rien n'intervient entre eux pour fixer cet état

---

[1] En vain on alléguerait en faveur de cette assertion, inouïe d'ailleurs, l'expérience dite des *miroirs.* On a fait là beaucoup de bruit pour rien. Les franges alors apparentes ne proviennent que de la fente produite par la rencontre des bords contigus des deux miroirs. Deux faisceaux blancs émanant de deux miroirs non contigus, exposés dans les circonstances les plus favorables, ne nous ont jamais donné de franges. On peut lire encore de singuliers aveux à cet égard en M. Billet, I, 44; et Verdet, I, 78.

passager, ils doivent retomber immédiatement
dans leur état d'indistinction ou d'harmonie primitive : il est donc impossible qu'ils se colorent
l'un et l'autre par interférence... Manifestement,
ou les physiciens exagèrent ici d'eux-mêmes la
vérité de notre doctrine en attribuant à la *seule
et mutuelle* rencontre de deux rayons blancs
une puissance de décomposition qu'ils dénient
d'abord inconsidérément à la rencontre entre les
bords minces et la lumière, ou jamais l'interférence imaginée par eux entre deux rayons blancs
n'est en état d'en déterminer la coloration, et
par suite leurs deux théories à ce sujet sont con-
vaincues d'être radicalement insuffisantes, quand
notre doctrine ne l'est pas. Tel est le caractère de
la vérité qu'elle s'impose toujours ; ceux mêmes
qui la nient l'impliquent à leur insu jusque
dans les raisonnements les plus artistement dres-
sés pour la combattre.

6. Qu'on ne nous croie pas, cependant, hostile
au principe des *interférences*! Nous ne repous-
sons pas ce principe en lui-même, mais seulement l'abus qu'on en a fait, en l'appliquant à

tout propos, sans discernement ni réflexion, hors
des cas exceptionnels de lumière rigoureusement
homogène.

D'abord, rien de plus rationnel que ce même
principe, quand on restreint l'interférence à si-
gnifier, soit la superposition de deux rayons homogènes et différant d'un nombre impair de
demi-longueurs d'ondulation, qui *se détruisent*,
soit la superposition de deux rayons homogènes
encore, mais différant d'un nombre pair de
demi-longueurs d'ondulation, qui *se renforcent*.
Mais, veut-on sortir de ces limites pour expliquer par la *seule* interférence la plupart des
phénomènes d'optique, tels que la *diffraction*,
la *coloration du corps*, la *polarisation rotatoire*,... ainsi que la *transformation* du blanc en
rouge, orangé, jaune, tous changements évidemment assujétis peut-être à d'autres causes : ce
n'est pas seulement, à l'exemple des médecins
opposant un seul remède à toutes les maladies,
se donner des airs d'exagération et de charlata-
nisme, c'est encore largement payer tribut à
l'inconséquence et à la contradiction, comme
nous allons le démontrer.

Parmi les contradictions résultant de l'aveugle emploi du principe des *interférences* par les physiciens, l'une des non moins curieuses est celle par laquelle ils affirment : tantôt que les rayons homogènes et *parallèles,* seuls, interfèrent (Jamin, III, 581); tantôt, que des rayons homogènes, quoique polarisés à angle droit ou *rectangulaires,* interfèrent en réalité[1] (Jamin, III, 584). Mais passons vite sur cette contradiction qui peut n'être qu'accidentelle; pour mieux signaler ici tout d'un coup l'énorme abus du principe des interférences, montrons qu'à l'aide de ce principe ils tournent vicieusement dans un cercle sans fin. Dans ce but, nous en appellerons à cette vérité métaphysique à peu près évidente : qu'il y a nécessairement du simple, de l'indivisible ou

---

[1] Pour sauver la contradiction qu'il a parfaitement sentie, M. Jamin ajoute aussitôt : « Mais cette interférence se borne à échanger les plans de polarisation sans modifier les intensités ». A cette excuse, deux réponses : 1° dans le premier cas, ce changement de plans de polarisation n'était pas admis : 2° rien d'étonnant à ce que les intensités n'apparaissent pas modifiées dans le deuxième cas, puisque les lumières censées interférées ne sont qu'imaginaires.

de l'élémentaire quelque part, et, sinon dans la
totalité des choses, au moins dans leurs limites
initiale ou *finale*, c'est-à-dire à leur sommet ou
à leur base; et que, par conséquent, quand il s'a-
git de lumière, il faut au moins, ou regarder d'une
part comme simple la *lumière naturelle*, si l'on
tient les couleurs *rouge, orange, jaune...*, pour
composées, ou regarder d'autre part ces *dernières*
comme simples à leur tour si l'on préfère dépouiller
de cette qualité la *lumière naturelle*. La lumière
naturelle étant une fois réputée par hypothèse
simple, on arrive alors, d'elle, aux couleurs
particulières *rouge, orangée, jaune..*, à l'aide de
déterminations successives répondant au degré de
complexion ou de composition de ces dernières.
Mais ces dernières sont-elles présupposées simples
à leur tour : il faut nécessairement défalquer la
même série de déterminations, de l'idée complexe
ou composée de la lumière naturelle, pour arriver
à les obtenir dans toute leur incomposition ou simplicité respective. Et, de cette manière, puisque
entre la lumière naturelle et les couleurs particulières il y a toujours la corrélation obligée (par
évolution ou par involution) de principe à fin,

force est d'admettre la simplicité ou d'un côté ou de l'autre.

Or, le simple ne se décompose ni ne se compose. On peut bien fictivement, quand on l'a trouvé, lui supposer des éléments, ou des parties ou des facteurs; mais tout cela n'est que fictif, et ce n'est pas sérieusement qu'on peut le dire produit, formé, complexe. Les éléments, parties ou facteurs alors invoqués, sont des *imaginaires*, qu'on se garde bien de considérer jamais comme réels; on les place dans la région des vues dites *accidentelles*. Maintenant, les physiciens attribuent une réelle origine, extension ou composition, tant à la lumière naturelle, qu'aux couleurs particulières; et en voici la preuve :

Quand il est question de définir la nature de la Lumière *en général*, tous les physiciens du siècle actuel la font consister en vibrations; et, s'agit-il ensuite de se rendre également compte de l'existence des couleurs particulières *rouge*, *orangée*, *jaune*, etc., nul d'eux ne songe de prime abord à requérir pour leur réalisation deux ou plusieurs vibrations simultanées et concourantes, mais une seule leur suffit. Les différences aperçues entre les couleurs, ils les expliquent au moyen de certaines variations d'*amplitude* et de *vitesse*. C'est ainsi que, pour expliquer tous les sons en particulier, on ne requiert point deux ou plusieurs sons simultanés et concourants, mais un seul. En requérir plusieurs pour un seul, ce serait impliquer de fait une absurdité, puisque alors tous les sons, s'impliquant essentiellement, seraient à la fois effet et cause, ou proviendraient tous, comme effets, de ce qu'ils seraient d'ailleurs censés produire eux-mêmes comme causes. On n'est donc pas recevable à dire qu'une vibration particulière et donnée, quelconque, se constitue de deux autres, dont chacune impliquerait une semblable paire de nouvelles vibrations. Mais c'est là justement ce que supposent ou qu'admettent les physiciens au sujet aussi bien de la lumière naturelle que des couleurs particulières.

Qu'est-ce, d'abord, que la lumière naturelle ? C'est une *interférence* de deux vibrations contrairement polarisées et satisfaisant à certaines conditions, répond Verdet (*Leçons d'optique*, II, 86).

Qu'est-ce, ensuite, au moins en réflexion, que

toute couleur particulière donnée? C'est une *interférence* de deux vibrations singulières quelconques réunies, répond M. Daguin (*Traité de physique*, IV, 412).

Les physiciens placent donc à la fois la composition aux deux bouts de l'échelle des lumières, en déclarant à la fois composées, et la lumière naturelle, et les couleurs élémentaires.

Mais est-ce seulement le sens de la vérité métaphysique qui, par abus outré du principe des *interférences*, fait défaut aux physiciens? Hélas! non; car avec un peu de réflexion on a bientôt reconnu qu'ils ne se montrent pas plus avisés en psychologie qu'en métaphysique.

Pour comprendre que l'exclusif emploi du principe des interférences dans l'explication de l'origine des couleurs est psychologiquement une grosse méprise, il suffit de considérer dans quels cas ce principe est irréprochablement applicable. C'est, par exemple, quand, ayant des quantités *homogènes* égales et contraires comme $+2$ et -2, on trouve *zéro* pour résultat. Nous demandons-nous, alors, s'il serait semblablement possible de faire la somme ou la différence de quantités *hétérogènes* telles que + 2 *pierres* et — 2 *oi-seaux* : il est de suite bien évident que non. Ces deux quantités-ci sont bien encore, si l'on veut, *formellement* associables, mais elles ne le sont point *réellement,* en ce sens qu'on puisse en faire, par addition ou soustraction intimes, un seul tout. Or, l'idée d'interférence réclame au contraire cette intime association ou fusion de termes, afin que, à force d'additions ou de soustractions, on atteigne, en cas d'extinction, à la limite *zéro*; la saine application de cette idée requiert donc indispensablement la confrontation de quantités non hétérogènes mais homogènes. Maintenant, est-ce qu'on peut dire des différentes couleurs telles que le *rouge*, l'*orangé*, le *jaune*, etc., qu'elles sont absolument homogènes, et par là-même capables d'addition ou de soustraction ? Nullement, car elles sont plus que quantitative-ment, c'est-à-dire *qualitativement* opposées ou distinctes. Ainsi, le *jaune* n'est pas seulement un affaiblissement du *rouge*, ou bien un *rouge* de *moindre* amplitude ou quantité; mais il est une couleur nouvelle, ou de *plus grande* vitesse rota-toire que le *rouge.* Le *jaune* et le *rouge* diffèrent

donc, l'un de l'autre, à la manière de deux espèces ayant, sous un même genre commun, leur
différence spécifique propre, et ces choses-là,
n'étant plus dès-lors manifestement susceptibles
d'addition ou de soustraction par interférence,
sont une simple matière d'opposition ou de con-
venance par contraste. Aussi, qu'obtient-on en
associant du *rouge* et du *jaune?* Une nouvelle
couleur, qui n'est plus du jaune et du rouge, mais
est seulement intermédiaire ou moyenne entre les
deux : l'*orangé.* Cette dernière couleur n'est point
alors un simple *composé,* mais un *produit* du
rouge et du jaune, et le Sens, émettant cette autre
couleur réelle sous le commun stimulant des deux
autres, n'est ni moins original, ni moins actif que
quand, à la faveur d'autres ou de semblables
stimulants, il les mettait elles-mêmes au jour.

Du reste, si (comme on le prétend) les couleurs *réfléchies* sont individuellement le résultat
physique de deux ou de plusieurs d'entre elles
additivement ou soustractivement associées par
interférence, pourquoi ne dirait-on pas la même
chose des couleurs *réfractées?* Sans doute, nul
physicien, contemplant sur un écran le successif

déroulement des sept couleurs spectrales réalisées
en décomposition prismatique, n'imagine de leur
attribuer la même origine interférentielle qu'aux
couleurs réfléchies; mais pourquoi pas ? Rien ne
semble, en effet, différencier radicalement les
couleurs obtenues par réfraction ou réflexion. Un
rayon lumineux tombe par exemple sur un prisme,
et, s'y réfractant, il donne ou forme, à la sortie,
sept couleurs principales sensiblement distinctes.
De même, un rayon lumineux tombe sur le bord
mince d'un corps opaque, et, s'y réfléchissant
aussitôt, si l'on en recueille les éclats sur un écran,
il y donne ou forme les mêmes couleurs inversement rangées. Si donc, là, les couleurs *réfractées*
sont censées individuellement effectuées *sans* interférence, pourquoi tiendrait-on à réputer ici les
couleurs *réfléchies* exceptionnellement réalisées
par cette voie ? Le mode direct de formation une
fois admis pour un cas, l'analogie commande alors
naturellement de l'appliquer à l'autre.

Voudrait-on nous objecter ici, par hasard, qu'il
existe en *réfraction* une raison de ne pas déri-
ver, comme en *réflexion*, l'une de l'autre les
différentes couleurs ; leur inégal degré de ré-

frangibilité? Dès-lors, en effet, qu'elles sont iné-
galement réfrangibles, il est bien évident que,
ces degrés ne s'engendrant pas l'un l'autre, les
couleurs ainsi graduées ne doivent pas davantage
s'engendrer entre elles. Les couleurs *réfléchies*
ne semblant point, au contraire, se dérouler dans
le même ordre, on peut se croire en droit de les
regarder pour cela comme engendrées différem-
ment.

Et! comment donc est-on arrivé, si ce n'est
faute d'observation suffisante, à croire que les
couleurs spectrales ne sont point aussi régulière-
ment et constamment(à leur manière) rangées en
Réflexion, qu'en Réfraction? L'ordre des couleurs
(parfois) rangées en décomposition prismatique
par degrés de réfrangibilité croissante, du rouge
au violet, est évident; et nous ne le contesterons
pas. Mais, si l'on doit observer que, d'inspection
et de l'aveu des physiciens eux-mêmes (V. Billet,
I, 194, 252, et II, 148; Verdet, I, 231, 249),
l'ordre des couleurs est *inversement* le même en
diffraction, du violet au rouge, peut-être com-
mencera-t-on alors à soupçonner que, comme les
couleurs ont en Réfraction leurs degrés constants

de *réfrangibilité*, de même elles ont en Réflexion leurs degrés constants de *réflexibilité*;
c'est pourquoi la parité se maintient des deux
côtés, et l'on n'a plus ainsi de raison d'en nier
l'égale pureté d'émission ou d'apparition originaire.

Nous avons dit tout à l'heure que, à l'*inversion*
près, l'ordre est le même entre les couleurs *réfractées* dans les prismes et les couleurs *réfléchies*
sur les bords minces; et, de ce qu'il est le même,
de ce que surtout les couleurs ont également
dans les deux cas leur place *fixe* à part et plus ou
moins haut ou bas sur les écrans, nous avons pu
légitimement inférer qu'elles doivent être de même,
dans les deux cas en indépendance *originaire*
absolue l'un de l'autre. Mais il reste toujours à
savoir d'où leur vient leur ordre d'évolution *inverse*; et, pour le découvrir, nous reviendrons un
moment ici sur leurs deux éléments ou facteurs
respectifs qu'au § 6 nous reconnaissions déjà
devoir être l'*amplitude* de vibration et la *vitesse*
de rotation.

Effectivement, toute vibration saisie de dépla-
cement longitudinal implique ces deux choses:
amplitude vibratile et *vitesse rotatoire*. Une

amplitude est proportionnelle à l'élongation, et
varie avec elle. Mais, plus petite est l'élongation,
plus grande est la vitesse rotatoire (3e loi de
Képler). Donc, si par hypothèse le rouge l'em-
porte en amplitude sur le violet, le violet rayon-
nera moins vivement que le rouge, mais en
revanche il tournera plus vite. Le rouge et le
violet sont donc inversés.

Maintenant, comme l'expérience nous l'apprend,
l'immédiat effet de la *matière* sur un rayon lumineux qui la *pénètre*, est de s'opposer plutôt ou
plus fortement à la vitesse de rotation, qu'à l'amplitude d'élongation; car le premier rayon élémentaire qu'elle laisse passer ou qu'elle dévie moins
est le rouge, et le dernier rayon transmis ou le
plus dévié est le violet. Cependant, à partir du
premier instant, l'amplitude apparaît diminuer
de plus en plus, et la vitesse rotatoire croît.
Donc la matière semble, en cela, revenir sur
son premier effet, et se comporter ultérieurement
comme de plus en plus défavorable à l'amplitude
et favorable à la gyration. Résumant alors ces
deux effets inverses, en quelques mots plus
caractéristiques, nous dirons : par premier effet

subit, en *réfraction*, la matière retarde le mou-
vement gyratoire intrinsèque à la lumière, et
favorise l'amplitude ; par second effet *continu*
progressif, elle accélère la gyration et rend l'amplitude décroissante.

Au contraire, quand la lumière tombe sur le
bord mince d'un corps opaque où elle se réflé-
chit, le rayon le plus bas placé sur l'écran est le
violet, et le rayon supérieur est le rouge. Par là,
nous voyons que, cette fois, le premier effet de
la *matière* est de s'opposer plutôt ou plus fortement au rouge qu'au violet. La matière est donc,
en *réflexion*, de prime abord ou par effet *subit*,
plus défavorable à l'amplitude et plus favorable
à la gyration ; mais, par effet ultérieur et *continu*
croissant, elle devient inversement plus contraire
à la gyration et favorable à l'amplitude.

Comparant entre eux ces divers effets, on
peut dire encore que, comme la matière est, en
Réfraction, *attractive* par son premier attribut
quand elle *retarde* la gyration, elle est, en Réflexion, *répulsive* par son dernier attribut quand
elle *augmente* l'amplitude. Mais, ainsi que nous
l'avons déjà dit, ces deux effets inverses s'im-

pliquent toujours. D'ailleurs, ils se correspondent parfaitement dans les deux cas. Donc, ici nous n'avons point en définitive pour la Réfraction et la Réflexion deux théories, mais une seule, et, dans quelque ordre que les couleurs émanent, elles sortent toujours par succession et nullement par interférence, l'une de l'autre comme pas à pas ou par degrés.

8. La vérité de notre théorie sur l'ordre et le mode de la décomposition de la lumière en Réflexion se constate maintenant, dans les applications, par l'aisance ou le naturel avec lequel elle s'adapte aux faits observés, dont l'interprétation se fait synthétiquement sans hypothèses. Nous en donnerons pour preuve les trois interprétations suivantes des expériences de la *fente étroite*, de l'*écran étroit* et du *demi-barrage de la pupille*.

Pour pratiquer avec succès la première de ces trois expériences, il n'est plus nécessaire d'opérer en chambre obscure : on prend seulement une *fente étroite* (chose évidemment équivalente à *deux bords minces* rapprochés) ; on dirige sur elle un petit faisceau de lumière blanche; et rece-

vant alors sur une feuille de papier blanc le
petit faisceau lumineux qui la traverse, on observe : d'abord, en regard de la fente étroite,
une première bande *blanche* terminée sur ses
bords par une teinte jaunâtre ; puis, à droite et
à gauche de cette première bande blanche, deux
autres bandes irisées ou *spectrales* l'escortant
d'un bout à l'autre.

Ces faits une fois établis, en voici l'interprétation toute naturelle. D'abord, la bande blanche
centrale provient de la lumière naturelle libre-
ment introduite par le milieu de la fente sans se
modifier. Puis, la teinte jaunâtre qu'elle pré-
sente sur ses bords dépend (comme nous l'ap-
prendrons par la troisième expérience) du voisi-
nage de la lumière décomposée qui lui fait suite.
Enfin, celle-ci composée des sept couleurs du
spectre est, — conformément à notre théorie, —
l'effet de la lumière naturelle tombant sur les
deux lèvres de la fente, car les couleurs y sont
réellement rangées comme il a été dit : violet en
dedans, rouge en dehors. Il est vrai que de
prime abord on pourrait préjuger le contraire ;
car, d'après les explications données, si l'on fait

tomber un petit faisceau A' (*fig.* 2) sur un bord mince B', et un autre petit faisceau A'' sur un autre bord mince B'' assez distant du précédent, on doit voir les rayons *rouges*, plus infléchis que les *violets*, se rapprocher vers le milieu de la figure. Cependant, dans l'expérience de la fente étroite, il en doit être autrement, parce que cette fois les choses se passent comme il est marqué *fig.* 3, et la preuve en est claire. Imaginons qu'on fait passer au-devant de la fente étroite, en F, par exemple, un écran. S'il arrive alors que, atteignant le faisceau par sa face inférieure B'', on commence par supprimer justement le spectre supérieur $v''r''$, c'est une preuve évidente que la Réflexion sur le bord B'' a rejeté les couleurs violette et rouge du côté du bord A'. Or, il en est ainsi[1]. Donc, deux bords minces décomposent la lumière comme un seul, ils en multiplient et compliquent seulement l'effet ; et dans cet effet les couleurs continuent bien d'être rangées suivant

---

[1] Cette épreuve devant se faire avec une loupe, et toute loupe renversant les images, la non-apparition de l'inversion que nous signalons démontre qu'elle existe.

leur ordre *in erse* ou *gauche* de réfrangibilité[1].

9. L'expérience la plus remarquable de l'*écran étroit* se pratique en regardant de très-près, à travers deux petits disques réunis par un fil métallique *D* (*fig. 4*) de 1 à 2^{mm} d'épaisseur, servant d'écran fixe, un objet éloigné quelconque, tel qu'un barreau de croisée *M*, qui semble s'évaporer au moment de la subite apparition, à ses côtés, de deux autres barreaux imaginaires *M'* et *M''*. Tandis que cette apparition dure, passe-t-on un

[1] Depuis Fresnel, tous les physiciens font décrire, aux rayons diffractés se portant sur l'écran, une trajectoire *hyperbolique*. Nous n'admettons pas leur enseignement, pour deux raisons. La première est que nous ne pouvons nous fier à leur témoignage discordant sur le principal élément même de la question : le bord de l'écran diffracteur apparaissant aux uns (Billet, I, 180; Daguin, IV, 428) foyer, et aux autres (Moigno, *Encyclop. du* xixe *siècle*, au mot *Diffraction*; Verdet, I, 253) *sommet* de l'hyperbole. La seconde est que, dans tous les essais que nous avons faits pour vérifier leur assertion, il ne nous a jamais été donné d'en reconnaître la trace. Puisque les physiciens ne sont pas, eux-mêmes, d'accord sur les faits, il est clair qu'ils n'ont pas *vu* davantage; et nous ne sommes pas plus tenu d'en expliquer que d'en accepter le désaccord.

écran mobile entre les disques et l'œil : si l'on meut ce nouvel écran de *haut en bas*, on éteint l'image *M'*, si on le meut au contraire de *bas en haut*, l'image *M"* disparaît à son tour.

Dans nos principes, voici l'explication de ces faits singuliers. D'abord, de tous les objets en face viennent à l'œil des rayons obliques qui rasent seulement les bords de l'écran fixe ; et ces premiers rayons, convergeant d'ailleurs en *interférant*, se renforcent : de là résulte l'éclairement en *M*. Mais de l'objet *M* partent encore des rayons divergents qui, *réfléchis* sur les deux côtés de l'écran fixe, vont se rendre *rectilignement* (§ 8, note) aux régions haute et basse de l'œil ; et cet organe, jugeant toujours d'après les conditions au milieu desquelles il opère, les voit alors aboutir en *M'* et *M"*, à peu près comme, avant le lever du soleil, on voit cet astre où il n'est pas[1]. En raison

---

[1] Pour bien faire entendre ici notre explication, nous mentionnerons une autre expérience analogue, consistant à regarder, d'un seul œil et à une distance déterminée (quelques cent.), à travers une carte percée de deux trous moins distants que du diamètre de la pupille, un petit objet, tel qu'une épingle. Alors on voit encore deux objets, au lieu d'un seul ;

de l'extrême rapprochement de l'œil et des disques, il n'y a point exceptionnellement, cette fois,
de décomposition apparente de rayons.

mais passe-t-on l'écran mobile entre la carte et l'épingle de
gauche à droite, on voile d'abord l'image de droite ; et le
passe-t-on de droite à gauche, on voile d'abord l'image de
gauche. C'est exactement l'inverse de ce que nous avons dit
arriver dans l'expérience des deux disques, où, passant l'écran
mobile de haut en bas, on voile l'image de haut, et le passant
de bas en haut, on voile l'image de bas. Voici la raison de
cette différence : Dans l'expérience de la carte aux deux trous,
il n'y a pas de *réflexion* spéciale de lumière d'un seul côté,
mais plutôt de tous les côtés (les trous étant ronds), ce qui
revient à dire d'aucun ; d'où il résulte que les images, arrivées
parallèlement à l'œil pour en être aussitôt sensiblement
réfractées, *s'entre-croisent* d'abord et sont ensuite rapportées,
sur la direction des rayons intérieurs, celle de droite à gauche,
celle de gauche à droite. Dans l'expérience des deux disques,
au contraire, la lumière est spécialement *réfléchie* sur les
deux seuls bords opposés de l'écran étroit; et les rayons,
renvoyés alors *divergents* vers l'œil qui les concentre par là-
même moins, *ne s'entre-croisent point*, c'est pourquoi l'on
demeure libre de rapporter chaque image à sa place naturelle,
en même temps que le centre de l'œil apparaît particulièrement
éclairé par l'interférence des rayons plus ou moins obliques
y affluant de toutes parts.

Les physiciens qui ne connaissent pas notre expérience de
l'*écran étroit*, en pratiquant une autre consistant à placer,

10. L'expérience du *demi-barrage de la pupille* est ainsi décrite dans l'*Optique physiologique*

sur le trajet d'une mince bande de lumière naturelle et dans son plan, un objet mince, tel qu'une aiguille à bas, et à recevoir alors, sur un écran mobile qu'on a soin d'éloigner de plus en plus, la lumière projetée dans l'espace ; auquel cas on observe : d'abord eu général, sur l'écran une large bande *noire* moyenne, escortée, des deux côtés, de bandes *spectrales* ou colorées de largeur décroissante ; puis en particulier, au sein de la bande noire centrale elle-même, une nouvelle rangée de bandelettes égales à moitié sensiblement *noire* et *rougeâtre*. La première partie de ces phénomènes s'explique aisément au moyen de ce que nous avons dit sur les *bords minces*; car, de même qu'une *fente étroite* équivaut à deux bords minces prêts à s'entre-croiser, un *écran étroit* équivaut à deux bords minces qui se fuient. La seconde partie des mêmes phénomènes, moins explicable d'abord en apparence et dont les physiciens sont réduits à demander hypothétiquement raison à la même cause faisant alors double office (la même *interférence* qui leur donne les *grandes* franges leur devant donner aussi les *petites*), s'explique cependant encore sans la moindre peine, dans notre théorie, par ce simple principe additionnel ou complémentaire, qu'il n'y a pas un seul mode, mais deux modes de réflexion, à savoir : l'une *spéculaire* ou *fasciculée*, l'autre *diffuse* ou *singulière*. Les grandes franges étant un effet de la réflexion *spéculaire* sur les bords minces de l'*écran étroit*, les petites bandes sont un effet de la réflexion *diffuse* sur un réflecteur de nouvelle espèce, et ce corps par lequel sont alors produites les

3

de Helmolz, pag. 176 et 177 (traduction Javal) :
« Avec la lumière blanche, il se produit naturellement aussi une décomposition de la lumière,

bandelettes à zones noire et rougeâtre est l'*air* renvoyant
par dissémination dans le cône d'ombre, comme dans une
chambre obscure, les grandes franges, dont la réflexion
spéculaire a déjà diapré toutes ses couches.

L'existence de ces bandelettes, qu'il ne faudrait pas con-
fondre avec les bandes sombres de superfétation dont on a
parlé dernièrement, nous semble constituer un cas assez diffi-
cile à résoudre. Néanmoins, ayant eu l'occasion de remarquer
que, par le grossissement de l'écran étroit, ces bandelettes
décroissent, soit en largeur, soit en intensité, jusqu'à dispa-
raître tout à fait; que, dans le cas contraire, on voit à la
loupe la grande ombre de l'écran étroit percée de jours, etc.,
etc., nous avons cru pouvoir conclure avec certitude, de là,
qu'elles sont un effet de dissémination *comme par réfraction*,
et qu'elles réalisent une sorte d'application simultanée des
deux expériences de l'*écran étroit* ici décrites (l'une en
texte, l'autre en note), en ce que la réflexion des molécules
d'air, s'entremêlant immédiatement à la réflexion spéculaire,
y simule une *fente étroite*, d'abord capable *en général* de
s'agrandir en raison directe de la distance de l'écran récep-
teur au bord de l'écran étroit; puis capable *en particulier*
de se multiplier et de se rétrécir en raison inverse de la grandeur de l'écran étroit interrupteur, dont le pouvoir dispersif
en dissémination diminue dans la même proportion. La vérification expérimentale qu'on peut faire à cet égard, avec une
loupe rectangulaire d'un faible grossissement, en recevant à

mais on s'en aperçoit peu dans les circonstances
ordinaires. L'observation nous apprend, à ce sujet,
que les surfaces blanches situées au-delà du point
d'accommodation de l'œil apparaissent entourées
d'un faible liseré bleu, et que celles situées en
deçà de ce point présentent un liseré rouge jaunâtre, également peu sensible. Quant aux surfaces
blanches pour lesquelles l'œil est exactement accommodé, *elles ne présentent au contraire pas
de bords colorés tant que la pupille est complètement libre*, mais *ces colorations apparaissent
dès qu'on avance au-devant de l'œil le bord d'un
corps opaque, de manière à recouvrir la moitié de la pupille*. La limite entre un champ blanc
et un champ noir paraît bordée de jaune si l'on
masque la pupille du côté où est situé le champ
noir; elle est au contraire bordée de bleu lors-
qu'on recouvre la moité de la pupille qui est située
du même côté que le champ blanc.

» Les phénomènes de dispersion que nous venons de rencontrer dans l'œil humain s'expli-

deux ou trois mètres de distance les rayons diffractés, est
ravissante de grandeur et d'éclat.

quent très-facilement par cette circonstance que le foyer postérieur des rayons violets est en avant de celui des rayons rouges.

»Soient (*fig.* 5) A le point lumineux, b^1, b^2, le plan principal antérieur de l'œil que nous supposerons coïncider avec le plan de l'iris, v le point de concours des rayons violets, r celui des rayons rouges, cc le plan dans lequel se coupent les rayons marginaux du cône b^1 b^2 r des rayons rouges et les rayons marginaux du cône b^1 b^2 v des rayons violets. On voit immédiatement sur la figure que si la rétine est en avant du plan cc, c'est-à-dire si l'œil est accommodé pour des objets plus éloignés que A, elle reçoit, sur le bord du cône, de la lumière rouge seulement, mais que, dans l'axe, elle reçoit de la lumière mélangée. Si la rétine est dans le plan cc, l'œil est accommodé pour de la lumière de réfrangibilité moyenne provenant de A, et la rétine reçoit partout de la lumière homogène. Enfin, si la rétine est située en arrière du plan cc, si, par conséquent, l'œil est accommodé pour des objets plus rapprochés que A, la rétine ne reçoit sur le bord du cône que de la lumière violette, et, au milieu, de la lumière mélangée. »

Dans cette citation, nous n'entendons point contester les deux passages soulignés par nous; mais, la prenant d'abord dans son ensemble, nous dirons que là l'Auteur n'explique point ce qu'il veut expliquer, et prouve ce que nous voulons prouver.

Comme on ne l'ignore point, la Réfraction, sans impliquer toujours une dispersion proportionnelle à son degré, ne laisse point d'impliquer constamment une certaine dispersion à sa suite; et la dispersion, à son tour, implique après elle pour l'œil un certain chromatisme, c'est-à-dire une perception variée de couleurs autres que le blanc. Or, si le chromatisme de l'œil ou l'aperception distincte des couleurs dépend de la dispersion, comme la dispersion dépend à son tour de la Réfraction, il y a lieu de se demander d'où provient la Réfraction elle-même, avec toutes ses différences ou ses degrés. Cependant, cette question si naturelle, l'Auteur ne songe pas plus à la poser qu'à la résoudre; mais, ayant une fois constaté le fait du chromatisme, il s'occupe seulement de l'expliquer en montrant analytiquement comment l'aperception s'en opère

dans l'œil. Là, donc, la manière dont *on perçoit*
un phénomène se confond avec la manière même
dont il *se produit* à l'origine. Mais cela ne peut
être. Donc l'Auteur se méprend ici sur la portée
de son explication ; et, traitant la question
physiologique, il laisse entièrement de côté la
question métaphysique ou physique relative à
l'inégalité de Réfraction, condition pourtant
obligée de tous les modes de perception imagi-
nables.

Néanmoins, oubliant de rendre raison des
phénomènes de dispersion qu'il avait entrepris
d'expliquer, Helmolz prouve ce que nous voulons
prouver. Remontons-nous, en effet, de la Réfraction prise avec toutes ses inégalités ou différences, au principe supérieur qu'elle suppose:
nous n'avons pas de peine à reconnaître ce dernier dans l'acte de décomposition de la lumière
blanche en ses couleurs élémentaires. Et si, pour
lors, nous nous demandons encore comment ce
phénomène primitif de décomposition, évidemment impliqué par toute Réfraction inégale, se
produit, nous ne pouvons nous contenter, avec
l'Auteur, de le faire dépendre de l'œil, puisque,

d'après lui-même (premier passage souligné), l'œil ne le produit point réellement dans le cas actuel. Mais, au défaut de l'œil, d'où dépend-il alors ? Il dépend naturellement de la circonstance regardée comme essentielle à son avènement; et cette circonstance privilégiée, l'Auteur nous l'indique lui-même en subordonnant l'apparition des couleurs à l'emploi d'une lame opaque à *bord mince* placée devant l'œil de manière à recouvrir la moitié de la pupille (second passage souligné). Mais, si nous eussions été chargé de répondre à cette question, nous n'eussions pu ni dû, nous-même, penser ou parler autrement. Donc ici, sans paraître y songer, l'Auteur pense et parle *comme nous*; et le fait qu'il prétend expliquer, sans l'expliquer réellement, nous fournit en quelque sorte spontanément l'explication de tout : chromatisme, dispersion, réfraction inégale, décomposition même, parce que, encore une fois, on n'apercevrait jamais rien de distinct, si la distinction ne précédait la perception. Dans le temps, la représentation suit, le fait précède, et cet ordre n'est point fortuit, mais nécessaire : c'est l'ordre même divin.

11. Peut-être le lecteur s'est-il étonné déjà plusieurs fois de ce que nous semblons toujours
requérir des *bords minces* pour la production de
la décomposition de la lumière par *réflexion*,
comme si, par cette condition, nous dépouillions
la Réflexion elle-même, au profit des bords minces, de la vertu décomposante. Il est vrai que
nous devons en général rattacher à de semblables bords l'exercice de cette puissance ; mais
pourtant ces bords mêmes n'en sont point la vé-
ritable cause, et l'absolue raison d'être en est bien
dans la Réflexion. Car c'est réellement la Réflexion
ou le Choc qui désagrége intérieurement la lumière ; et, si toute Réflexion ne le semble pas faire,
si par exemple la lumière qui tombe sur de larges
surfaces bien unies ne paraît point décomposée,
l'absence apparente de toute décomposition lumi-
neuse en de telles rencontres résulte uniquement
de ce qu'alors la lumière, subitément décomposée
par le choc sur ces surfaces, recouvre aussi subi-
tement, faute de moyens de conservation propor-
tionnels, tels que saillies ou dépressions, son unité
primitive. Supposons, en effet, que, sur une surface large et lisse, une ligne donnée quelconque

suffise à décomposer la lumière dans un certain
sens : toutes les autres lignes de cette surface
parallèles à celle-là la décomposeront par la même
raison dans le même sens ; il ne se produira donc
pas seulement un spectre, mais une foule de
spectres simultanés et semblables, ainsi que semblablement interférents ou superposés de l'un à
l'autre ; c'est pourquoi partout ils reconstituent
de la lumière primitive, puisqu'ils en réunissent
partout les mêmes éléments.

Il suit de là que si par hasard une surface unie
se décomposait tout d'un coup en lames sensiblement distinctes ou se couvrait de stries que
viendrait effleurer ou raser la lumière naturelle,
chacune de ces lames ou stries sensibles serait alors
décomposante, à l'instar, par exemple, des fils d'a-
raignée tendus aux fenêtres des maisons ou dans
les allées des jardins, qu'on voit briller des couleurs les plus vives, sous les ondoyantes impul-
sions de la brise, au milieu du rayonnement solaire
d'un beau jour. Il suit également de là que si la
surface, au lieu de se décomposer en lames isolées,
devenait seulement rugueuse, en observant toute-
fois un certain ordre, cette surface deviendrait

par là-même, sous les rayons du soleil, chatoyante,
comme le sont, par exemple, les plumes des oi-
seaux ou certaines lames cristallines. C'est à ce
genre de phénomènes plus ou moins distincts que
se rattachent les effets irisés des boutons de Bar-
ton et des verres rayés.

Pour trouver toute naturelle cette interprétation du rôle des *borás minces* dans le jeu de la
lumière, on n'a qu'à réfléchir un moment sur le
rôle analogue des mêmes bords dans la production du son. Quand on veut, en effet, tirer des
sons d'un instrument à vent, on n'emploie point
de gros madriers ni d'épaisses et larges planches,
mais de petits tubes ou de minces becs taillés
en biseau, sur le bord aigu desquels on applique
les lèvres; et la nature nous met elle-même sur
la voie de cette industrie, puisque pour produire,
par exemple, l'aigu sifflement de l'air ou des vents,
elle n'exige point de grandes ouvertures, mais
de simples fissures aux portes ou fenêtres de nos
habitations. Il paraît bien d'ailleurs, en poursuivant cette idée, que les corps réfracteurs ne sont
aux corps réflecteurs de la lumière que ce que sont
les instruments à cordes aux instruments à vent.

L'analogie la plus étroite des sons à la lumière
suffit donc à nous renseigner sur le rôle fondamental des bords minces dans tous les cas où les
couleurs apparaissent après le passage du milieu
lumineux sur leur tranchant.

Une autre réflexion est de nature à corroborer
ici puissamment notre manière de voir. S'il est vrai,
comme on le prétend, que les aveugles de naissance
arrivent, par un long exercice, à distinguer au seul
tact les couleurs des corps invisibles pour eux, il
suit évidemment de là que la différence de coloration des corps tient au genre même des rides
ou rugosités qu'ils présentent à leur surface.
Y a-t-il, maintenant, possibilité de séparer, par
la pensée, la *différence* des couleurs de leur *existence* ? Certainement non. Donc, si la différence
des couleurs corporelles tient à la nature des rides
ou rugosités superficielles, leur existence en dépend également ; et, puisqu'on ne saurait nier, en
outre, qu'elles ne soient un reflet de la lumière
blanche naturelle sur les surfaces dépolies, elles
sont bien positivement des effets de réflexion
seulement modifiés alors par l'état extérieur de
ces surfaces.

Ce n'est pas à dire pour cela que la seconde
ou la troisième couche intérieure d'un corps ne
puissent jamais influer sur la coloration apparente de la couche superficielle; mais il y a
loin de cet effet tout accidentel à celui par lequel
on voudrait subordonner radicalement l'exercice
du pouvoir réflecteur au jeu de la Réfraction
censée fonctionner dans l'acte de pénétration en
la seconde ou troisième couches intérieures.
Newton, qui professait cette dernière théorie,
n'a jamais pu parvenir à la formuler d'une manière satisfaisante ; et la raison qu'en allègue
M. Daguin (*Traité de physique*, IV, 457) est on
ne peut plus juste et frappante. Dans cette théorie, dit-il entre autres choses, « on ne conçoit
pas pourquoi les corps doivent être dépolis pour
paraître colorés»: cette raison qui fait défaut aux
physiciens, notre théorie la donne en première
ligne. Le pouvoir analyseur une fois reconnu
(dans l'acte de réflexion) aux bords minces, il
n'y a plus lieu de songer à la difficulté de M.
Daguin, ou bien elle est résolue d'avance avec une
pleine évidence; et comme ce n'est pas un petit
mérite de lever ainsi d'emblée les plus grands

embarras des physiciens, nous espérons qu'ils voudront bien un jour en agréer la solution.

12. Mais cessons de nous occuper du rôle *expérimental* des bords minces, pour en considérer, avant de finir, le double rôle *rationnel*, général et particulier.

Nous ne saurions mieux d'abord en caractériser le rôle général qu'en nous inspirant de la pensée d'Aristote donnée pour épigraphe à cet écrit : les *couleurs* sont aux *limites* des corps, à leurs extrémités *élémentaires*. En effet, est-ce par leur *masse* ou par leur *étendue* que les corps se colorent ? Non; c'est par leurs *fibres* les plus fines, par leurs *aspérités* les plus ténues; et, ce qui les peint aux yeux tels qu'on les voit, ce ne sont point en quelque sorte leurs parties apparentes, mais leurs parties inaperçues, indiscernables. Sous ce rapport, les *bords minces* décomposent la lumière, parce qu'ils se rapprochent du terme où la matière se résout en ses éléments, ainsi placés entre les deux mondes naturel et surnaturel, comme termes de l'un et commencements de l'autre. La transition de l'un de ces mondes à l'autre n'est point dans le grand, mais dans le petit, champ commun du visible et de l'invisible; telle nous semble être même la seule interprétation rationnelle de cette déclaration des Livres saints, que le Créateur a procédé par la création de la lumière à tous ses autres ouvrages; et, comme elle s'est ainsi trouvée jadis au principe des choses, elle doit encore aujourd'hui siéger et fonctionner en cette région des infiniment petits où rien ne peut amoindrir sa liberté primitive ni se soustraire à son influence, variable d'ailleurs en raison des circonstances au milieu desquelles elle agit.

Maintenant, à la limite des choses, entre les positions extrêmes élémentaires très-déliées, il y en a de plus remarquables, de plus significatives ou de plus efficaces que d'autres, en n'importe quel sens on veuille interpréter ici cette prééminence. Car, pourquoi les molécules terminales ou constitutives des corps n'auraient-elles point en petit, par exemple, les formes prismatique, cristalline, cylindrique, etc., *sur* ou *dans* lesquelles la *réflexion* trouverait à se combiner diversement avec la *réfraction* ?... Certaines

d'entre elles, telles que les prismatiques, laisseraient alors à la lumière assez de liberté pour
s'étaler au dehors en spectre entier; telles autres,
les rhomboèdriques, ne lui laisseraient que le choix
entre deux couleurs déterminées respectivement
complémentaires; quelques-unes, les rondes ou
carrées(?), la fixeraient ou ne lui permettraient de
rayonner qu'une seule et même teinte. Jusque-là
cependant, nulle coloration ne serait censée se
produire sans stimulant ou sans objet positif
correspondant externe; l'expérience du demi-
barrage de la pupille (§ 10) nous permet d'aller
plus loin ou de reconnaître en outre la possibilité
d'une production de couleurs tout *occasionnelle*
et sans objet extérieur corrélatif. Car prenons-
nous, comme il a été dit, une feuille de papier,
moitié blanche, moitié noire, et regardons-nous,
par exemple, d'abord la face blanche dont le
blanc sera limité par une simple ligne noire
quand l'écran sera placé devant la pupille du côté
du noir, puis la face noire dont le noir sera limité par une ligne blanche quand l'écran sera
placé devant la pupille du côté du blanc: nous
savons qu'alors il se produira dans le premier cas, à

la limite du blanc, une lisière jaune, et dans le second cas, à la limite du noir, une lisière bleue.
Quand, actuellement, la lumière se décompose et
se modifie (soit par stimulants, soit par occasion)
de la sorte autour de certaines lignes ou directions
naturelles ou artificielles, est-ce qu'elle ne tourne-
rait point par hasard autour d'elles comme autour
d'un fuseau sur lequel elle s'enroulerait ou se dé-
roulerait à sa guise ? Et, supposé qu'il en soit
ainsi, n'y aurait-il pas là le germe ou l'origine
de ce qu'on appelle *axes* en optique ?.. Nous nous
contenterons aujourd'hui de poser ce problème,
sauf à le reprendre et résoudre plus tard avec la
profondeur et les développements dont il est susceptible.

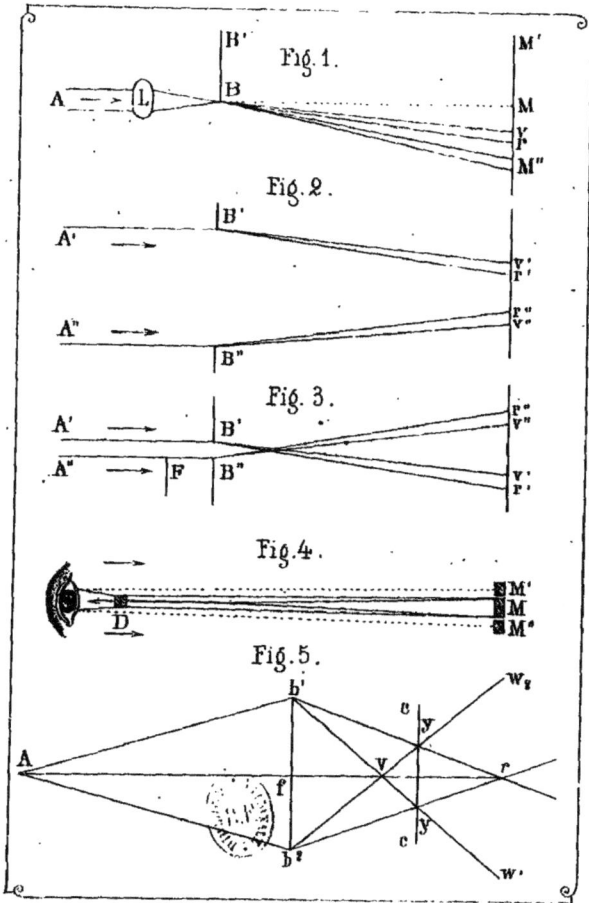

Fig. 1.

Fig. 2.

Fig. 3.

Fig. 4.

Fig. 5.

www.ingramcontent.com/pod-product-compliance
Lightning Source LLC
LaVergne TN
LVHW022038080426
835513LV00009B/1112